国家出版基金项目
NATIONAL PUBLICATION FOUNDATION

记住乡愁

——留给孩子们的中国民俗文化

刘魁立◎主编

第十一辑 生肖祥瑞辑

本辑主编 张勃

生肖猴

宋凯丽◎编著

黑龙江少年儿童出版社

编委会

序

亲爱的小读者们，身为中国人，你们了解中华民族的民俗文化吗？如果有所了解的话，你们又了解多少呢？

或许，你们认为熟知那些过去的事情是大人们的事，我们小孩儿不容易弄懂，也没必要弄懂那些事情。

其实，传统民俗文化的内涵极为丰富，它既不神秘也不深奥，与每个人的关系十分密切，它随时随地围绕在我们身边，贯穿于整个人生的每一天。

中华民族有很多传统节日，每逢节日都有一些传统民俗文化活动，比如端午节吃粽子，听大人们讲屈原为国为民愤投汨罗江的故事；八月中秋望着圆圆的明月，遐想嫦娥奔月、吴刚伐桂的传说，等等。

我国是一个统一的多民族国家，有 56 个民族，每个民族都有丰富多彩的文化和风俗习惯，这些不同民族的民俗文化共同构筑了中国民俗文化。或许你们听说过藏族长篇史诗《格萨尔王传》

中格萨尔王的英雄气概、蒙古族智慧的化身——巴拉根仓的机智与诙谐、维吾尔族世界闻名的智者——阿凡提的睿智与幽默、壮族歌仙刘三姐的聪慧机敏与歌如泉涌……如果这些你们都有所了解，那就说明你们已经走进了中华民族传统民俗文化的王国。

你们也许看过京剧、木偶戏、皮影戏，看过踩高跷、耍龙灯，欣赏过威风锣鼓，这些都是我们中华民族为世界贡献的艺术珍品。你们或许也欣赏过中国古琴演奏，那是中华文化中的瑰宝。1977年9月5日美国发射的“旅行者1号”探测器上所载的向外太空传达人类声音的金光盘上面，就录制了我国古琴大师管平湖演奏的中国古琴名曲——《流水》。

北京天安门东西两侧设有太庙和社稷坛，那是旧时皇帝举行仪式祭祀祖先和祭祀谷神及土地的地方。另外，在北京城的南北东西四个方位建有天坛、地坛、日坛和月坛，这些地方曾经是皇帝率领百官祭拜天、地、日、月的神圣场所。这些仪式活动说明，我们中国人自古就认为自己是自然的组成部分，因而崇信自然、融入自然，与自然和谐相处。

如今民间仍保存的奉祀关公和妈祖的习俗，则体现了中国人崇尚仁义礼智信、进行自我道德教育的意愿，表达了祈望平安顺达和扶危救困的诉求。

小读者们，你们养过蚕宝宝吗？原产于中国的蚕，真称得上伟大的小生物。蚕宝宝的一生从芝麻粒儿大小的蚕卵算起，中间经历蚁蚕、蚕宝宝、结茧吐丝等过程，到破茧成蛾结束，总共四十余天，却能为我们贡献约一千米长的蚕丝。我国历史悠久的养蚕、丝绸织绣技术自西汉“丝绸之路”诞生那天起就成为东方文明的传播者和象征，为促进人类文明的发展做出了不可磨灭的贡献！

小读者们，你们到过烧造瓷器的窑口，见过工匠师傅们拉坯、上釉、烧窑吗？中国是瓷器的故乡，我们的陶瓷技艺同样为人类文明的发展做出了巨大贡献！中国的英文国名“China”，就是由英文“china”（瓷器）一词转义而来的。

中国的历法、二十四节气、珠算、中医知识体系，都是中华民族传统文化宝库中的珍品。

让我们深感骄傲的中国传统民俗文化博大精深、丰富多彩，课本中的内容是难以囊括的。每向这个领域多迈进一步，你们对历史的认知、对人生的感悟、对生活的热爱与奋斗就会更进一分。

作为中国人，无论你身在何处，那与生俱来的充满民族文化DNA的血液将伴随你的一生，乡音难改，乡情难忘，乡愁恒久。这是你的根，这是你的魂，这种民族文化的传统体现在你身上，是你身份的标识，也是我们作为中国人彼此认同的依据，它作为一种凝聚的力量，把我们整个中华民族大家庭紧紧地联系在一起。

《记住乡愁——留给孩子们的中国民俗文化》丛书，为小读者们全面介绍了传统民俗文化的丰富内容：包括民间史诗传说故事、传统民间节日、民间信仰、礼仪习俗、民间游戏、中国古代建筑技艺、民间手工艺……

各辑的主编、各册的作者，都是相关领域的专家。他们以适合儿童的文笔，选配大量图片，简约精当地介绍每一个专题，希望小读者们读来兴趣盎然、收获颇丰。

在你们阅读的过程中，也许你们的长辈会向你们说起他们曾经的往事，讲讲他们的“乡愁”。那时，你们也许会觉得生活充满了意趣。希望这套丛书能使你们更加珍爱中国的传统民俗文化，让你们为生为中国人而自豪，长大后为中华民族的伟大复兴做出自己的贡献！

亲爱的小读者们，祝你们健康快乐！

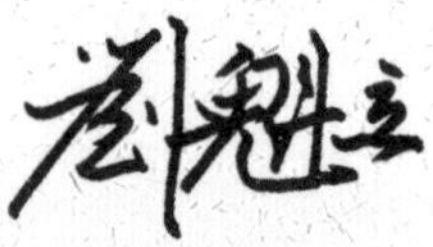

二〇一七年十二月

目录

生肖猴的起源

生肖猴的起源

十二生肖的由来

十二生肖，又叫属相，代表十二地支用来记人的出生年的十二种动物，即鼠、牛、虎、兔、龙、蛇、马、羊、猴、鸡、狗、猪。

地球上的生灵众多，为什么只选择十二种动物作为生肖呢？这是因为时间是以十二累进的。比如，一纪为十二年，一年为十二月，一日为十二时辰（每个时辰约为两小时）。

那么为什么选择这十二种动物作为生肖呢？这是缘于古人对自然和自身的认知与感悟、对幸福生活的祈求与向往。

这十二种动物包括人们生活中常见的“六畜”：牛、马、羊、鸡、狗、猪；还包括另外五种动物：鼠、虎、兔、蛇、猴；还有一种代表吉祥喜庆的虚构动物：龙。选择这十二种充满灵性的动

| 十二生肖邮票 |

| 十二生肖展 |

物作为生肖，既体现了人类生命活动与自然事物的相互融合，又体现了人类与动物亲善相待、和谐相处、天人合一的自然观。

有一种说法认为子鼠、丑牛、寅虎、卯兔、辰龙、巳蛇、午马、未羊、申猴、酉鸡、戌狗、亥猪，其实都是两两成对的。

第一对子鼠、丑牛反映了“麦黍文化”：子鼠人丁旺，丑牛粮满仓。因为老鼠繁殖能力强，而人丁兴旺是许多人的愿望，所以鼠居十二生肖之首；牛憨厚老实，不辞劳作而获得丰收，所以牛居次位。第二对寅虎、卯兔折射了“渔猎文化”：寅虎林中吼，卯兔草中慌。虎为万兽之王，所以虎居第三位；狡兔虽有三窟却力不抵虎，所以兔居第四位。列第三对的辰龙、巳蛇代表了“稻作文化”：辰龙天上飞，巳蛇洞中藏。龙序位居五，暗合我国古代对“九五至尊”的崇拜情结；蛇形长圆，合“六六大顺”之意。位列后三对的午马、未羊、申猴、酉鸡、戌狗、亥猪，相对来说与人类的关系更为密切。其中，猴形似人，所以猴居九之尊；猪压阵，因为“肥猪拱门”，隐喻“福气到家”之意，以猪收尾，完成了一个吉庆的循环。

可见，十二生肖的排序是基于人们对自然生活经验的提炼和总结，凝聚了人们对幸福生活的憧憬。

当然，也有另一种说法，认为十二生肖是按照动物活动的时间进行排序的。

子时老鼠最活跃，丑时牛正忙于反刍，寅时老虎出山觅食，卯时玉兔月宫捣药，辰时蟠龙行云布雨，巳时灵蛇捕猎归洞，午时马飞驰，未时羊上膘，申时猴啼跃，酉时鸡上架，戌时狗守夜，亥时猪酣睡。

可见，谈论十二生肖的起源，不能忽略其与十二时辰的配属关系。这也从另一个侧面佐证了古人的经验与智慧。

| 申猴雕像 |

生肖猴的传说

据传说，猴子能够成为十二生肖之一，与老虎有关。

老虎在天地开创之初就以镇山神兽的威名当上了百兽之王。当时山中百兽见了虎王立即回避，虎王感到既得意又孤独。那时猴子与虎王是邻居，二人称兄道弟，当虎王外出时，猴子便代行镇山之令。百兽慑于虎王的威严，只好听从猴子的召唤，这就是“山中无老虎，猴子称大王”的来历。

一天，虎王不幸落入了猎人设下的网中，拼命挣扎却无法脱身。猴子恰好经过，听见虎王高喊救命，猴子连忙爬上树，解开了网，救出了虎王。

虎王脱险后，虽然嘴上不住地感谢猴子，但心里却

老虎

在盘算：我身为百兽之王，竟然中了猎人的圈套，还被小小的猴子搭救，这件事要是被猴子张扬出去，岂不灭了我虎王的威风，不如杀掉猴子算了。可是虎王又转念一想：如今我已经是孤家寡人了，如果再杀掉猴子的话，今后就一个朋友都没有了。如果再遇到危险的话，恐怕就没有人来帮忙了。再说，猴子怕我，他不会把今天的事说出去的。

于是，老虎告诉猴子，一定会报答他的救命之恩，要是遇到什么困难，自己一定全力相助。为了保全虎王的面子，猴子当然也对虎王遇险的事闭口不提，在这之后，他们的关系比以往更加亲密了。

| 申猴雕像 |

许多年之后，玉帝开始选生肖。身为百兽之王，老虎理所当然地当选了。猴子也想被选为生肖，可是玉帝有一条原则，那就是所选的动物必须对人类有功。猴子对人类无功可言，自然选不上。于是猴子请虎王向玉帝

求情。虎王因为觉得欠猴子的情，只好倾尽全力帮猴子说情，对玉帝讲猴子是百兽中最聪明的，又说自己不在时，猴子也有镇山的功劳。于是，玉帝下旨将猴子也列入生肖之中。

猴子当上了生肖，虎王也还了猴子的人情。没什么本事的猴子与自己并列为生肖，让虎王心里感到很不高兴。从此，虎王与猴子日渐疏远，直至友情断绝。

到了现在，百兽中没有怕猴子的了，不过“山中无老虎，猴子称大王”这句话却流传下来，并且极具讽刺意味。

属猴的名人与猴年大事

属猴的名人与猴年大事

猴列十二生肖中的第九位，人们都说属猴的人活泼好动、聪明伶俐、社交手腕高明、容易与人打成一片，但不喜欢被人控制，爱追求新鲜事物。自古以来，有许多属猴的人在各个领域都取得了很高的成就。

属猴的著名帝王

晋文公

晋文公，姬姓，名重耳，公元前697年（甲申年）生，春秋时期著名的政治家。晋文公初为公子时敏而好学，善于结交贤士，后受迫害离

石猴雕像

开晋国，辗转于各个诸侯国之间。漂泊多年后他终于复国，杀掉了晋怀公自立为王，开创了晋国长达百年的霸业。晋文公文治武功，昭明后世，与齐桓公并称“齐桓晋文”，是春秋五霸中第二个称霸的霸主。

与晋文公有关的故事：退避三舍

春秋时期，晋献公听信谗言，杀了太子申生，又派人去捉拿申生的弟弟重耳。重耳闻讯，逃出了晋国，在外流亡十几年。经过千辛万苦，重耳来到了楚国。楚成王认为重耳日后必有大作为，就以上宾的礼节招待他。

一天，楚王设宴招待重耳，两人饮酒叙话，气氛十分融洽。忽然楚王问重耳：“你若有一天回晋国当上国君，该怎么报答我呢？”重耳略一思索，说：“美女侍从、珍宝丝绸，大王您有很多；珍禽羽毛，象牙兽皮，更是楚地的盛产。晋国哪有什么珍奇物品可以献给大王呢？”楚王说：“公子过谦了。话虽然这么说，可你总该对我有所表示吧？”重耳笑了笑，回答道：“要是托您的福，能回国当政的话，我愿与贵国建立友好的邦

|《退避三舍》|

交。假如有一天，晋楚之间发生战争，我一定命令军队先退避三舍（古时行军计程以三十里为一舍），如果还不能得到您的原谅，我再与您交战。”

几年后，重耳真的回到晋国当了国君，晋国在他的治理下变得日益强大起来。

公元前632年，楚国和晋国的军队在作战时相遇。晋文公（重耳）兑现了他许下的诺言，下令军队后退九十里，驻扎在城濮。楚军见晋军后退，以为对方害怕了，马上追击。晋军利用楚军骄傲轻敌的弱点，集中兵力，大破楚军，取得了城濮之战的胜利。

武则天

| 武则天画像 |

武则天，中国历史上唯一一位女皇帝，624年（甲申年）生。她是即位年龄最大的皇帝——67岁即位，又是寿命较长的皇帝之一——终年82岁。

她足智多谋，兼涉文史，在执政期间，推行法治，开创殿试，创武举、自举、试官；重视发展农业，推广先进的农业生产经验和生产技术；抵抗吐蕃的侵扰，收复安西四镇。执政时期，上承“贞观之治”，下启“开元盛世”，史家称她的统治有“贞观遗风”。

与武则天有关的故事：武后怕猫

传说武则天施展手段取得皇后之位以后，原来的王皇后和萧淑妃被囚于冷宫中。冷宫全部被封了起来，只在墙壁上留有一个小洞，用来传送饭食。

皇上虽然废了王皇后和萧淑妃，但对她们仍然念念不忘。有一次，他偷偷地跑去看望她们二人。王皇后对皇上说：“若是皇上还念旧情，希望能令我们二人重见天日，请求皇上把这座院子取名为回心院。”

谁知皇上的这次会见不但没有让王皇后、萧淑妃重见天日，反而给她们带来杀身之祸。已经权柄在握的武则天怎能容忍王、萧二人复出，危及自己的地位呢？当她知道皇上去冷宫探望后，大为震怒。她瞒着皇上传令将王、萧二人杖责一百，并残酷地砍去她们的手足，扔入酒瓮中。没几天，王、萧二人就命赴黄泉了。

萧淑妃死前一直咒骂武则天，说道：“阿武妖狐，这样凶残地置我们于死地。愿我以后转世为猫，阿武转世为鼠，我世世代代专咬她的喉咙。”

萧淑妃的诅咒让武则天感到心惊肉跳。从此以后，她总是在梦中看见王、萧二人的鬼魂，她们的样子就像死时那样恐怖。武则天受不了这样的折磨，就劝皇上移居东都洛阳，终生不归长安。

从此，武后一见到猫就害怕，她在洛阳期间，严禁宫中养猫。

属猴的名臣

文天祥

文天祥，1236年（丙申年）生，南宋政治家、文学家、抗元名臣，“宋末三杰”之一。1276年，文天祥被派往元军的军营中谈判被扣留，后脱险南归。兵败后被张弘范俘虏，在狱中坚持斗争三年多，之后从容就义，时年47岁。

文天祥以忠烈名传后世。在被俘期间，元世祖以高官厚禄劝降，文天祥宁死不屈，生平事迹被后世称许。

文天祥著有《过零丁洋》《正气歌》等。《过零丁洋》这首诗饱含沉痛悲凉之感，以磅礴的气势、高亢的语调显示了文天祥忠贞不屈的精神，一直被后世流传。

| 文天祥画像 |

与文天祥有关的故事：从容殉国

文天祥本来是个文官，可为了保卫家园，他勇敢地走上了战场。那时候，元朝派出大军要消灭南宋，文天祥得知消息后，拿出自己的家产，招募3万壮士，组成义军，抗元救国。

有人说："元军人那么多，你这么点儿人怎么抵挡？这不是虎羊相拼吗？"文天祥却说："国家有难而无人解救，是最令我心痛的事。我虽然力量单薄，但也要为国尽力呀！"

在南宋统治者投降元军后，文天祥仍然坚持抗元。他对大家说："救国如救父母。父母有病，即使难以医治，儿子还是要全力抢救啊！"不久，他兵败被俘，但坚决不肯投降，还写下了有名的诗句："人生自古谁无死，留取丹心照汗青。"表明了自己的选择和不惧生死、至死不变的决心。他拒绝了元朝的多次劝降，最终慷慨就义。

属猴的文人才子

| 韩愈画像 |

韩愈

韩愈，字退之，世称"韩昌黎"，唐代文学家、思想家、政治家，768年（戊申年）生。韩愈是古文运动的倡导者，在中国散文发展史上地位崇高。宋代的苏轼称他"文起八代之衰，而道济天下之溺"，明人推他为"唐宋八大家"之首。

韩愈在三岁时成了孤儿，多亏兄嫂抚育得以长大，早年流离困顿，有读书经世之志，虽生活孤苦却勤奋好学。一生为官正直，政治上有所作为。他的诗力求险怪新奇，雄浑而重气势。他提出的“文道合一、气盛言宜、务去陈言、文从字顺”等散文写作理论，对后人有指导意义。

与韩愈有关的故事：走马牵山

韩愈在做官时，曾写了一篇奏章劝皇帝不要迎佛骨，以免劳民伤财、荒废朝政，可皇帝看完奏章后很生气，因此把他从京城贬到潮州做刺史去了。

韩愈上任时，正逢潮州大雨成灾，洪水泛滥，水面白茫茫一片。一天，他到城外巡视，只见北面的山洪汹涌而来。他心想，这山洪如果不堵住，百姓必将受灾。于是他骑着马来到城北，先看了看水势，又看了看地形，便吩咐随从张千和李万紧随他的马后，凡马走过的地方都插上竹竿，作为堤线的标志。

韩愈插好了竹竿，就通知百姓按着竿标筑堤。百姓听了纷纷赶来，岂料一到城北，就见那些插下竹竿的地方已变成了一道山脉，堵住了北面来的洪水。

从此，潮州便不再发水灾了。百姓都说：“韩文公走马牵山。”后来，这座山就被称为“竹竿山”。

| 辛弃疾画像 |

辛弃疾

辛弃疾，字幼安，号稼轩，1140 年（庚申年）生。辛弃疾 21 岁时参加抗金义军，是南宋著名的抗金将领和词人。

作为南宋词坛一代大家，其词热情洋溢、慷慨悲壮、笔力雄厚，艺术风格多样，其词沉雄豪迈又不乏细腻。他与苏轼合称“苏辛”，与李清照并称“济南二安”。由于与当政的主和派政见不合，后被弹劾落职，退隐山居。1207 年秋，辛弃疾逝世，时年 68 岁。他所写的“众里寻他千百度，蓦然回首，那人却在灯火阑珊处”是千古名句。

与辛弃疾有关的故事：酒交知己

辛弃疾有一位友人，名叫陈亮，是一位文学家、思想家。一年冬天，陈亮从他的家乡浙江到江西拜访辛弃疾。辛弃疾住在自建的“带湖新居”，附近有一条名为“瓢泉”的小溪。辛弃疾见到陈亮，十分高兴。他俩或在瓢泉共饮，或往鹅湖寺游览。他们一边喝酒，一边纵谈国家大事，时而欢笑，时而忧愤。陈亮在山中住了十天后，才告辞回去。辛弃疾送了他一程又一程。

第二天早晨，辛弃疾又骑马追去，想挽留陈亮多住几天。当他追到鹭鸶林时，因雪深泥滑，不能前进，才停了下来。那天，他怅然独饮，夜半投宿于吴氏泉湖旁的四望楼，听到邻人吹笛子的声音，凄然感伤，就写了一首《贺新郎》来记录他们这次相见的情形。

猴年大事

1368年（戊申年）明朝建立

明朝开国皇帝朱元璋画像

1368年，朱元璋建立明朝，定都应天府（今南京），这标志着统治中国近百年的元朝宣告结束。明朝是中国历史上最后一个由汉族人建立的封建王朝。

朱元璋在政治、军事等

彩灯猴

方面对前朝的制度革故鼎新，集军政大权于一身，加强中央集权，在经济上采取了一系列恢复和发展社会经济的措施，使社会经济在洪武年间达到了较高水平。从此，大明王朝开始了长达276年的统治。明朝无汉朝时的外戚之患、唐朝时的藩镇割据之忧、宋朝时的岁币之愁。后世曾评价明朝“治隆唐宋”“远迈汉唐”。

1644年（甲申年）明朝灭亡，清兵入关

1644年是农历甲申年，这一年中国正值大明、大顺、大西和大清的政权交替，史

| 火烧圆明园 |

称“甲申之变”。

1月，李自成在西安称帝，以李继迁为太祖，建国号“大顺”。2月8日，李自成建立大顺政权，以崇祯十七年为永昌元年。不久，大顺军攻破北京城。明朝崇祯皇帝在煤山自缢。李自成进入北京，明朝政权结束。6月3日，在北京城的李自成举行了称帝仪式，次日清晨离京。6月5日，多尔衮带兵入主中原。10月30日，清世祖福临定都北京。

光绪皇帝

1860年（庚申年）英法联军火烧圆明园

1860年2月，英法两国扩大侵华战争。侵略军一路烧杀抢掠，10月，英法联军闯进圆明园，大肆抢掠珍贵文物和金银珠宝。为了销赃灭迹，掩盖罪行，英法联军放火烧掉圆明园，使园内建筑付之一炬。10月25日，

慈禧太后

清政府与法国在京签订中法《北京条约》。

1908年（戊申年）光绪皇帝与慈禧太后相继逝世

11月14日，清朝光绪皇帝爱新觉罗·载湉驾崩于中南海瀛台涵元殿，享年37岁，葬于清西陵之崇陵。

慈禧即孝钦显皇后，叶赫那拉氏，咸丰皇帝的妃嫔，同治皇帝的生母，清朝晚期的实际统治者。“辛酉政变”后，慈禧太后开始了长达40多年的垂帘听政，与光绪皇帝共掌大清朝政。11月15日，慈禧太后病死，享年73岁。

生肖猴的民间故事

生肖猴的民间故事

和睦四瑞的故事

相传，古时候有一只锦鸡、一只兔、一只猴和一头象结拜为兄弟。

有一次，锦鸡飞上了三十三重天，衔来了一颗果树种子，这棵树是一年四季都结果的。

在他们当中，兔最有心计，他知道这颗种子十分珍贵，就动手把种子种在地里。猴知道这树会结果，就天天给它上肥。象也想吃果子，就天天用长鼻子从河里取水来浇灌它。

在大家的照料下，树一天天长高，很快就结果了。

锦鸡从树边飞过，看见果子成熟了，心想：我衔来的种子结果了，我的功劳真不小！现在该我享用了。于是，他天天飞到树上，慢慢地吃果子。

猴会爬树，他想吃果子就爬上树去吃，不想吃了就爬下来。

象的鼻子很长，就用他的长鼻子把果子摘下来吃。

《和睦四瑞》

最吃亏的就是兔。他不会爬树，只能在树下跳来跳去，望着香气扑鼻的果子舔嘴巴。

一天天过去了，果树长得更高了，连有长鼻子的象也吃不到果子了。于是他们开始争吵。

象向锦鸡和猴嚷道：“这太不公平了，现在树长高了，只有你们两个吃得到果子，我们却吃不到，要知道我曾经浇灌过它呀！”

兔也不满意地说：“是的，这太不公平了，我种下了这棵树，却一直吃不到果子，只吃了几片落下来的树叶。”

但是锦鸡和猴只顾着自己吃，不理他们。他俩没有办法，就去找了一个聪明人来替他们评理。

聪明人说：“你们四个先不要争。天底下原来是没有这棵果树的。你们说说这果树是从哪里来的，又是怎么生长的？你们告诉我来龙去脉，我就可以替你们想出解决问题的法子。”

于是锦鸡说：“就如你所说的，天底下原来没有这果树，是我从三十三重天上衔来了种子，它才生长出来。我有这样的功劳，难道不该吃果子吗？”

兔说：“虽然锦鸡衔来了种子，但他不知道该怎么办，是我想到把它种在地里，这才有了这棵果树。可我却一直吃不到果子，只能吃到偶尔落下来的几片树叶。你说，这公平吗？”

猴说：“虽然有了种子，有人将种子种在地里，但我给它施了肥，我的功劳也不小啊！这棵树原来只有一棵小草那么大，要不是我天天施肥，它怎么能长大呢？”

象说：“虽然有了种子，有人种下，有人施肥，但是天旱了这么久，我每天都用鼻子从河里取水来浇灌它，它才得以长大。凭这一点，我难道不该吃果子吗？”

聪明人说：“照这样看来，你们每个人都对这棵果树出过力，每个人都该吃到果子。你们与其这样争吵，不如想想让大家都能吃到果子的法子。因为只有这样，才不会伤害你们之间的感情，而且还能使这棵果树结出更多的果子。”

大家觉得这话很有道理，于是就一起商量，终于商量出一个办法：摘果子时让象站在最下边，象背上站猴，猴背上站兔，兔背上站锦鸡，然后由锦鸡摘下果子交给兔，兔交给猴，猴交给象。等果子摘下来后，大家一起吃。吃树叶也用同样的办法。

自从他们想出这个办法后，就不再争吵了，从此果树长得更好了，果子也结得更多了。

后来人们将这个民间故事绘制出来，这就是藏族地区常见的一幅图——《和睦四瑞》。它教人懂得和睦共处和尊重他人劳动的意义。

猴屁股为什么是红的

从前，有一对母女相依为命。一天，老婆婆在家里纺线，女儿一个人在院子里推碾子。只见一群猴子来到碾子旁边，不由分说就把女

| 猴子正在吃食 |

儿抬起来，飞快地逃走了。小姑娘吓坏啦，哪儿还喊得出来？

老婆婆在家里等女儿吃饭，左等右等也不见女儿进屋吃饭，就出来找。只看见碾子上有扫帚、簸箕、粮食，却没有女儿的踪影。老婆婆急坏了，放声大哭。乡亲们劝了半天，才把老婆婆劝回家里。

几天后，有一个打柴的人来找老婆婆，说他在一个山洞前看见了老婆婆的女儿。于是老婆婆提着一个篮子上山了，果真在山上找到了一个山洞，并且在山洞里看见了她的女儿。

女儿看见娘来了，抱着娘放声大哭。她告诉老婆婆，是老猴精把她抓来的，还要与她成亲。老婆婆一边劝女儿，一边想救女儿出去的办法。

这时候，有一只猴子蹿进洞来。它四处闻了闻，问："是谁来了？"女儿赶紧说："是我娘来了。"猴子一听，赶紧走上前说："岳母大人好！"老婆婆说："你好。哎呀！你的眼睛怎么那么红啊？""上火啦，上火啦！""这多难受啊，我这儿有药，用上就好了。"说着老婆婆拿出事先准备好的面团，说："你把这个熬好后敷在眼睛上，别见亮，再趁热洗洗，病就好啦！”猴子熬了“药”，背对着她们洗眼睛。

娘儿俩赶紧借机逃出了山洞，一口气跑回了家。

猴子见半天没动静，想回头看看：糟啦，两只眼全被粘住了，怎么也睁不开。猴子知道自己上当了。

等眼睛好了以后，猴子想讨回老婆婆的女儿，就一直追到村里，天天坐在大碾子上喊，一喊就是一宿。

一天夜里，猴子刚走，老婆婆就赶紧从屋里出来了。她在碾盘下用木头生火，把碾盘烧得通红。第二天一早，猴子果然又来了，它刚往碾盘上一坐，就被烫得哇哇大叫，连屁股上的毛儿都被烧光了，屁股也烫红了。

猴子

猴子吓坏了，连滚带爬地逃回了山洞里，再也不敢来了。

石碾子

猴子的屁股从此变成了红色，现在人们常说的“猴屁股着火”就是这么来的！

义猴的故事

从前，有一个老汉带着一只猴子，每天在街头巷尾表演杂耍。

这只猴子极通人性，演出时，主人叫它做什么动作，它就做什么动作，只见它一会儿倒立，一会儿翻跟斗，把围观的人们逗得哈哈大笑。看到人们把铜钱丢到地上，它便立刻向人们作揖，把铜钱一个个拾起来，装在一个袋子里，交给主人。

有一天，人们只看到那只猴子自己敲锣打鼓地演出，而没看见那个老汉，感到非常奇怪，就把这只猴子围起来逗弄它。这只猴子眼里含着泪水，可仍然叫着、跳着，为人们演出。围观的人越来越多，只见它忽而翻身倒立，忽而给大家行礼，一步一跪。人们看到猴子的表演，纷纷丢出铜钱。忽然，猴子跪在一个老妇人的面前，对着她不停地磕头，嘴里发出“呜呜呜”的叫声。围观的人都看呆了，不知道这究竟是怎么回事。只见这只猴子拉着老妇人的衣角，往一座破庙里走去，后面还

| 义猴 |

跟了不少人。老妇人往庙里一看，吓了一跳！原来在破庙的墙角处，铺着一张破草席，旁边放着一只破碗，里面还有些剩饭，老汉已经死在那里了。人们这才明白，原来这只猴子一早就出来演出是为了赚钱给主人送葬。这时只见猴子扑在死去的主人身上，拼命地哭叫着。在场的人们看到这种情景都流下了眼泪，纷纷说它是一只义猴。

过了一会儿，猴子一边哭，一边握着装钱的那个袋子，拉着老妇人的手，往棺材店走去。老妇人明白了，原来，这只猴子是想用它赚来的钱给死去的主人买口棺材下葬。老妇人上前对棺材店老板说："请你行行好，卖给这只猴子的主人一口棺材吧！"接着，她把猴子和主人的故事对老板讲了一遍。老板深受感动，便和几个围观的人抬出一口棺材，随老妇人来到破庙里，把老汉的尸体装进了棺材里。

这时猴子指了指棺材，又指了指破庙前的一棵大树，人们明白了，它是想让大家把老汉的棺材抬到大树下去安葬。

突然，猴子又跑进了破庙，把那些表演杂耍用的东西都拿了出来，放在主人的棺材上。然后，它又爬到树上，折下了很多枯树枝，放在棺材边。老板明白了猴子的意思，点燃了枯枝。这时，猴子突然发出了凄惨的叫声，然后就跳进了火堆里，任凭人们怎样叫喊，就是不肯出来……围观的人纷纷落泪，无不感到惊叹！

后来，人们为了纪念这只义猴，特意凑钱在那棵大树下立了一块石碑，在石碑上面刻了“义猴忠义肝胆照千古”九个字。

这个感人的故事流传至今。

猴姜的故事

从前有个老药农，常年在凤阳山采药，把采集来的草药都挑到龙泉城里摆摊售卖。人们见他总有新药出售，而且这些新药还非常灵，一些好事者就问老药农

| 猴姜 |

是不是得了什么神道仙术。老药农乐呵呵地说：“哪来的神道仙术，我靠的是一只小猴子。”

这只猴子虽然长得小，但它跟随老药农已有三十多年啦。老药农每采到一种新药，总是先在小猴子身上试一试，有效的话才拿到城里去卖。

有一次，老药农带着小猴子上山采药，不料这只调皮的小猴子竟然从悬崖上摔了下去，摔断了两条腿。看到小猴子伤成这样，老药农比自己受伤还难受。他把小猴子抱回了家，寻来最好的药为它治伤，可是小猴子的伤却不见好转。

一天夜里，老药农正睡得迷迷糊糊，忽然听见一阵声响。他睁眼一看，只见从

窗户跳进来大大小小十几只猴子。老药农觉得非常奇怪，就装作睡着的样子，一动不动，想偷偷看看这些猴子进来到底想做什么。只见这些猴子走到小猴子的窝边，吱吱地叫了几声，又从窗户跳了出去。

过了片刻，又是一阵声响，这次跳进来一只老猴子，他的嘴里叼着一根藤蔓。那藤蔓的叶子有巴掌大，下端结着一个似小孩拳头大小的块根。只见老猴子走到小猴子的窝边，放下口里的藤蔓，掰下块根，塞进嘴里嚼烂，然后敷在小猴子受伤的腿上，又撕下藤蔓上的叶子，把伤口包扎紧。然后，老猴子又轻轻地对小猴子叫了几声，就从窗户跳了出去。

老猴子一离开，老药农马上从床上爬起来，急忙点灯，捡起老猴子包扎时散落的碎末儿，用舌头舔了舔，那东西味道辛辣，与地里种的生姜味道相似。

几天以后，小猴子的伤好了，又蹦又跳，连伤疤都看不见，老药农高兴得像个

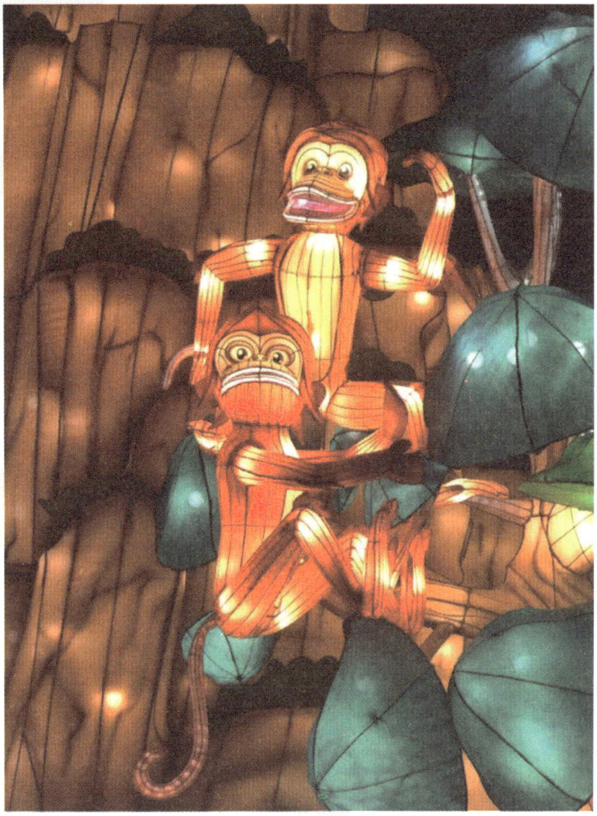

彩灯猴

孩子一样。后来，老药农就背上药篓子上山专挖这种藤蔓下的块根。因为这种块根辛辣如姜，又与猴子有关，所以就给它取名为猴姜。

瑶族猴鼓舞的传说

瑶族猴鼓舞是流传于白裤瑶人中间的一种舞蹈。它以手击鼓发出的鼓点为节奏，动作有扣胸、屈膝、来回跳跃等，伴以模仿猴子的各种姿态神情为特点，舞蹈动作柔中带刚、粗犷质朴、轻重分明、节奏感强，姿态生动活泼、别具韵味。为什么会有这种舞蹈呢？

传说瑶族祖先从广西迁徙，经过荔波县时，遇上危难，是山中的一群猴子解危救难并一路保护他们。为了纪念祖先的迁徙之苦和神猴护送之功，后来村民们模仿着祖先跋山涉水的情形及猴子们攀爬跳跃的样子，编创了猴鼓舞。

成语中的猴

成语中的猴

猿猴取月：山野中的猴子，看到月亮投影到水塘上，便纷纷下去“取月”。比喻愚昧无知，白费力气。

猴头猴脑：意思是像猴子那样好动，形容行动浮躁。

猴年马月：意思是指某些事情的前景尚未可知，也指事情未来的结果无法预料，泛指未来的岁月。

衣冠沐猴：猴子穿衣戴帽，其类人形，实无人性。那些猎取名誉地位的人，只知依附权势，正如猴那样无人性。比喻虚有其表、得意忘形，或是嘲讽为人愚鲁无知、空有表面。亦作“沐猴而冠”“沐猴衣冠”。

杀鸡儆猴：说的是杀掉鸡来吓唬猴子，比喻惩戒某一个人以警戒其他人。猴象征被恐吓的对象。亦作“杀鸡吓猴”“杀鸡给猴看”。

山中无老虎，猴子称大王：比喻没有出色的人才，次等的充当重要角色。猴象征不出色的人。

穿着衣服的猴

丨表演杂技的猴丨

弄鬼掉猴：装模作样，借机闹事。形容调皮捣蛋，耍花样。

轩鹤冠猴：鹤坐车，猴戴帽。比喻滥用禄位、虚有其表的人。

五马六猴：形容不守规矩、不受管束的人。

尖嘴猴腮：尖嘴巴，瘦面颊。形容人相貌丑陋粗俗。通常用作贬义词。

心猿意马：心思不专，好像猴子跳、马奔跑一样控制不住。也作“意马心猿”。

猿鹤虫沙：旧时比喻战死的将士，也指死于战乱的人。

猿啼鹤唳：猿和鹤凄厉地啼叫。

猱升猿引：像猿猴似的轻捷地攀登。

穷猿失木：猿猴失去了栖身的树木。比喻流离失所，无家可归。

穷猿奔林：比喻在穷困时急于找一个栖身的地方。

槛猿笼鸟：槛中之猿，笼中之鸟。比喻受制于人，没有自由。

狐媚猿攀：像狐狸那样善于迷惑人，像猿猴那样善于攀高。比喻不择手段地追求名利。

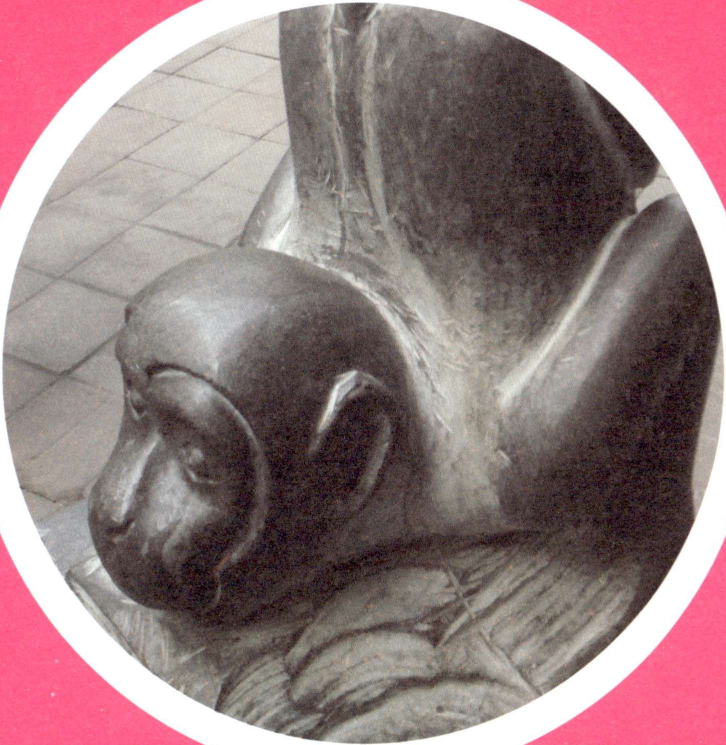

歇后语中的猴

歇后语中的猴

断臂的猴子——高攀不起

和孙猴子比翻跟斗——差着十万八千里

猴儿的脸，猫儿的眼——说变就变

猴儿拿棒槌——胡抡

猴儿爬石崖——显出你的能耐了

猴子学样——装相

猴子不上树——多敲几遍锣

猴子唱大戏——胡闹台

猴子吃大蒜——翻白眼

猴子吃核桃——全砸了

猴子吃辣椒——抓耳挠腮

猴子戴手套——毛手毛脚

猴子倒立——尾巴翘起来了

猴子的屁股——坐不住

猴子捡姜——吃也不是，丢也不是

猴子见水果——欢天喜地

倒立猴

猴子抱西瓜——顾此失彼

猴子看果园——监守自盗

猴子扛大梁——受不了

猴子拉弓——不像样子

猴子捞月亮——白欢喜一场

猴子爬板凳——各想一头

猴子爬竿——直线上升

猴子爬上樱桃树——粗人吃细粮

猴子爬树——拿手戏

猴子爬竹竿——上蹿下跳

猴子骑老虎——下不来

猴子骑马——一跃而上

猴子扇扇子——学人样

猴子上凉亭——丑鬼耍风流

猴子耍把戏——老一套

猴子耍拳——小架势

猴子衔烟斗——假装

猴子笑兔子尾巴短——彼此彼此

老猴子爬旗杆——不行了

请个猴子去摘桃——吃不到你肚里

山猴子爬树——拿手的戏

耍把戏的猴子——任人牵着走

|玩具猴|

耍猴的碰上敲锣的——对上点儿了

孙猴子的毫毛——千变万化

孙猴子的金箍棒——可大可小

孙猴子的脸——说变就变

孙猴子封了弼马温——自个儿不知道是多大的官

孙猴子赴蟠桃宴——不请自来

孙猴子上天宫——大闹一场

孙猴子坐金銮殿——屁股不稳

孙猴子坐天下——有点儿不像

烫了屁股的猴子——急红了眼

属孙猴子的——从石头缝儿里蹦出来的

| 猴骑羊 |

属猴儿的——没个老实气儿

发了疯的猴子——上蹿下跳

猴子登台——一出没有

猴子滚绣球——滚的滚，爬的爬

猴子推磨——玩儿不转

花果山的猴子——无法无天

八十岁老公公要猴子——老把戏

谚语中的猴

谚语中的猴

杀鸡儆猴，好戏在后。

杀鸡教猴，惩一儆百。

工字出头，磨成老猴。

有钱使鬼如玩猴，无钱叫狗不回头。

猴毛做笔，笔画猴；牛皮做鞭，鞭打牛。

狮子落毛惹猴笑，猛虎下山被犬欺。

春耕有牛，激死老猴。

无情鹦哥戏子猴。

（戏子猴：旧时对艺人的贬称。）

船公不识流，伙计磨成猴。

（流：潮水的流向。）

见猴亮枪，见熊藏枪。

猴狲酒只吃一次。

狗骂猴，猴骂狗，人惊人，鬼惊鬼。

没有不爬竿的猴，没有不上钩的鱼。

牛犁田越犁越健，猴耍戏越耍越精。

猴奸不知解索，人奸不知刹搁。

（刹搁：方言，意为适可而止。）

小猴手提灯笼

猴捉到天上也是猴，猪牵到京城也是猪。

鸭子飞不上天，毛猴成不了仙。

猴戴帽子不成人形。

猴腚坐不住灵霄殿。

猴爱风神猫爱镖。

（风神：出风头；镖：嬉戏。）

猴嘴里放不住桃子。

扶猴猴上树，扶猪压死人。

| 坐猴 |

猴上旗杆尾无变。

池里无鱼虾为大，山中无虎猴称王。

打虎要力，捉猴要智。

是虎无不红眼，是猴无不爬树。

人滑不知死活，猴滑不知解索。

狗仗人势，猴仗山势。

林中无老虎，红猴称虎王。

猴精猴瘦，猪笨猪肥。

砧上有油蚁来挤，树上无果猴狲散。

人莫说猴有毛，猴莫笑人无尾。

猴怕血，狗怕棍。

树倒猢猴散，食尽鸟投林。

猴在上，虎在下，本事大小不一样。

猴肉易吃，猴相难看。

空手喊猴猴不来。

猴王一抛三千里，翻过如来五指山。

杀鸡给猴看，吓得猴儿团团转。

猴死，乞丐无命。

（这里的乞丐指靠耍猴讨饭的人。）

杀鸡教猴，打梆弹柱。

（打梆弹柱：指敲打墙壁柱子也会跟着动。）

饭团落到猴手，想收回也难。

猴叫缩脖，鹿叫踢腿。

风猴借风飞，蝙蝠怕光明。

红眼老虎都不怕，还怕什么脏眼猴。

宁可胆大如牛，不可胆小如猴。

矮狗想上高脚灶，猴猻也想中状元。

灯猴入厝埭埭富。

（此句指旧时闽南地区习俗，除夕夜将供奉用的竹灯架放进“火囤”里点燃，再将其投进厅堂的小风炉内，口念此语；灯猴：竹制的灯架；埭埭：代代。）

年暝放炮弹灯猴，厝前厝后拾扫帚头。

（弹灯猴：传说灯猴成精对房主不利，故放炮驱之；拾扫帚头：传说扫帚成精会跟灯猴交战，故拾之祈求平安。）

大人胸前挂香包，娃娃胸前吊小猴。

猴屁股坐不稳，见这说那，见里说外。

春打五九尾，农民贫如洗；春打六九头，家家赛春猴。

牛马年，好种田，就怕鸡猴这二年。

冬在头，越吃越“猴”；冬在中，越吃越空；冬在尾，越吃越悔。

人若尖嘴猴腮，必定诡计多端。

讲书的是水晶猴，听书的是闷牯牛。

（水晶猴：指讲书人活泼、机灵；闷牯牛：指听书人听得入迷，不出声响。）

树倒猢狲散，树多猴结伴。

春上有牛气死老猴，冬下有牛歇破枕头。

对联中的猴

对联中的猴

羊随新风辞旧岁，猴携正气报新春。

羊献银毫书捷报，猴挥金捧迎新春。

玉羊奔腾财源旺，金猴衔瑞春意浓。

五羊献瑞人增寿，万猴鸣春喜盈门。

羊歌盛世方报捷，猴舞新春又呈祥。

雪消门外千山绿，猴到人间万户春。

猴喜满园桃李艳，岁迁遍地春光明。

金猴献瑞财源广，紫燕迎春生意隆。

紧握羊毫留青史，奋挥猴棒辟征程。

银树呈祥花果硕，金猴献瑞国民殷。

玉羊毫多添文采，金猴棒大鼓雄风。

金猴奋起千钧棒，玉宇澄清万里埃。

辞岁羊毫书捷报，迎春

抱桃猴

猴棒舞乾坤。

满园春色探墙外，两岸猿声报喜来。

瑞雪纷飞迎盛世，金猴欢跃报丰年。

未羊申猴兴国瑞，鸾歌燕舞喜春光。

金猴奋起群山翠，祖国腾飞四海春。

火眼金睛开玉宇，红梅绿柳报新春。

百族归心同筑梦，灵猴献瑞只争春。

猴献瑞桃添福寿，国开玉局壮乾坤。

大圣手中如意棒，小康梦里吉祥图。

春和风正猴添喜，国盛家荣户纳新。

金猴得意春开路，蓝鹊

写对联

传情福叩门。

羊欢沃野春芽绿，猴捧丰年寿果香。

子时羊伴烟花去，春晓猴乘爆竹来。

天增岁月人增寿，猴献蟠桃鹿献芝。

丰年瑞雪宴华夏，猴岁良宵乐纪元。

玉宇清明春色好，金猴奋起国光新。

金猴方启岁，绿柳又催春。

中年梅献瑞，猴岁雪兆丰。

羊随新风辞，猴吟锦绣春。

| 金猴献福 |

紫燕展翅腾柳浪，金猴攀缘上春山。

雪消门外绿，猴到人间春。

羊舞丰收过，猴捧财源来。

鸟语喧花果，猴声啼水帘。

梅花点点千山秀，猴岁家家四季春。

羊阵聚云天降玉，猴足踏雪露星云。

玉宇澄清浮正气，金猴奋起树新风。

勤羊辞旧千家同喜，顽猴闹春万户毕福。

谜语中的猴

谜语中的猴

谜面：扛起扁担不像人，常在台上总是昏，装神弄鬼七星照，世间哪代能称神。（打一动物）

谜底：猴子

谜面：出身花果山，结伴扬州婆，爬高好像柳树精，偷桃献与西王母。（打一动物）

谜底：猴子

谜面：手似脚来脚似手，红红屁股脸儿丑。生来淘气恶作剧，动作表情很像人。（打一动物）

谜底：猴子

谜面：高山密林喜群居，

小猴装饰品

金黄皮毛树上待。（打一动物）

谜底：金丝猴

谜面：此公之后，必有奇才。（打一生肖）

谜底：猴

（解析："公侯伯子男"是中国古代社会的政治等级制度之一，公爵之后是侯爵；"奇才"别解为"才"字变异，变成"犭"。）

谜面：大圣驾起筋斗云。（打三字爆竹品种）

谜底：蹿天猴

谜面：身披一件金丝绒，聪明美丽惹人宠，手是脚来脚是手，爬高上树好威风。（打一动物）

谜底：金丝猴

谜面：尖面小口，两脚两手，立着坐着像个人，伏着趴着像只狗。（打一动物）

谜底：猴子

谜面：手似脚来脚似手，有时爬来有时走，走时很像一个人，爬时又像一条狗。（打一动物）

谜底：猴子

谜面：酉时开刀惊悟空。（打一成语）

谜底：杀鸡骇猴

（解析："酉"，地支的第十位，属鸡。"悟空"指孙悟空，借指"猴"。）

诗词中的猴

诗词中的猴

早发白帝城

李白

朝辞白帝彩云间，
千里江陵一日还。
两岸猿声啼不住，
轻舟已过万重山。

感弄猴人赐朱绂

罗隐

十二三年就试期，
五湖烟月奈相违。
何如买取胡孙弄，
一笑君王便著绯。

猿

杜甫

袅袅啼虚壁，
萧萧挂冷枝。
艰难人不见，
隐见尔如知。
惯习元从众，
全生或用奇。
前林腾每及，
父子莫相离。

猴吹唢呐

使北

文天祥

江南浪子是何官，
只当空庐杂剧看。
拔取公卿如粪土，
沐猴徒自辱衣冠。

游石涧寺

朱放

闻道幽深石涧寺，
不逢流水亦难知。
莫道山僧无伴侣，
猕猴长在古松枝。

早秋寄题天竺灵隐寺

贾岛

峰前峰后寺新秋，
绝顶高窗见沃洲。
人在定中闻蟋蟀，
鹤从栖处挂猕猴。
山钟夜渡空江水，
汀月寒生古石楼。
心忆悬帆身未遂，
谢公此地昔年游。

剪纸猴

民俗中的猴

民俗中的猴

在十二生肖中，猴是非常受人们青睐的。猴自古以来就是机智灵活、聪明机警的象征，因此传统民俗中便常以猴作为吉祥、显贵、驱邪纳福的象征。猴的形象在民间很常见，这是人们崇猴意识的一种延伸。

炕头上的“护娃猴”

在我国西北地区一些农家的炕头上，会摆放一个用青石雕刻的小石猴（也有炕头狮），这是专门用来拴刚学会爬行的婴儿的。母亲用一根红绳穿过石猴腿部的圆孔，再用红绳的另一头拦腰拴住婴儿。据说，这只石猴可以

炕头摆件

保佑孩子平安，让孩子长大以后精明能干。

码头上的“护航猴”

20 世纪 70 年代以前，三门峡一带古老的码头上，木船靠拢码头时系绳用的木桩上都有一只神采奕奕的猴子雕像。它煞有介事地端坐在木桩的顶端，似在东张西望。老艄公解释说：“孙猴

子水性好，能潜入东海大闹龙宫。船上有它，可以保佑人船平安。”

拴马桩上的“避瘟猴”

在我国西北地区，特别是陕西渭南一带，许多村子里的拴马桩顶端都雕有石猴，人称“避马瘟”（“弼马温”的谐音）。究其原因，恐怕与《西游记》中，玉皇大帝为安抚孙悟空，封其为“弼马温”有关。“弼马温”是御封的“官”，是玉皇大帝正式任命的，尽管后来孙悟空不愿意做这个“官”了，但老百姓还是将齐天大圣与马联系在一起，讨个吉利。

| 避瘟猴 |

贺寿之神“抱桃猴”

猴子与桃子似有不解之缘。自然界的猴子，天性喜食桃子，《西游记》中也有孙悟空偷吃王母娘娘蟠桃的故事。传说蟠桃产自天宫，乃王母娘娘亲手栽培，每三百年结一次果，数量甚微，食之可长生不老，故名“仙桃”。至今，民间为老人祝寿时，仍以桃子作为贺礼。

| 抱桃猴 |

| 背背猴 |

| 马上封侯 |

祈求功名的“马上封侯”

“猴”与“侯”同音双关。侯者，官也，这里泛指达官权贵。“马上”为立刻之意。“马上封侯”是中国传统寓意纹样，寓意功名指日可待。“背背猴”（辈辈封侯）与之意思相近。

| 面塑猴 |

| 泥塑猴 |

形式多样的玩具猴

在我国民俗文化中，猴是受到人们喜爱和尊崇的。因此，市场上猴子造型的玩具种类繁多，表现形式也是多种多样。

比如，泥塑猴、金蝉猴、绒花猴、布制猴、木雕猴、剪纸猴，还有面塑猴、吹糖猴、皮影猴、木偶猴、风筝猴、面具猴等等，形态各异，数不胜数。

图书在版编目（CIP）数据

生肖猴 / 宋凯丽编著 ; 张勃本辑主编. -- 哈尔滨 : 黑龙江少年儿童出版社, 2020.2（2021.8 重印）
（记住乡愁 : 留给孩子们的中国民俗文化 / 刘魁立主编. 第十一辑, 生肖祥瑞辑）
ISBN 978-7-5319-6467-4

Ⅰ. ①生… Ⅱ. ①宋… ②张… Ⅲ. ①十二生肖－青少年读物 Ⅳ. ①K892.21-49

中国版本图书馆CIP数据核字(2019)第293904号

记住乡愁——留给孩子们的中国民俗文化　　刘魁立◎主编

第十一辑 生肖祥瑞辑　　张　勃◎本辑主编

生肖猴 SHENGXIAO HOU　　宋凯丽◎编著

出 版 人：商　亮
项目策划：张立新　刘伟波
项目统筹：华　汉
责任编辑：刘　嘉
整体设计：文思天纵
责任印制：李　妍　王　刚
出版发行：黑龙江少年儿童出版社
（黑龙江省哈尔滨市南岗区宣庆小区8号楼 150090）
网　　址：www.lsbook.com.cn
经　　销：全国新华书店
印　　装：北京一鑫印务有限责任公司
开　　本：787 mm×1092 mm　1/16
印　　张：5
字　　数：50千
书　　号：ISBN 978-7-5319-6467-4
版　　次：2020年2月第1版
印　　次：2021年8月第2次印刷
定　　价：35.00元